Angelolatria

Augusto Contador Borges

ANGELOLATRIA

ILUMINURAS

Copyrigh © 1997:
Augusto Contador Borges

Copyrigh © desta edição:
Editora Iluminuras Ltda.

Capa:
Fê
sobre

Foto da capa:
Beto Borges

Composição:
Iluminuras

ISBN: 85-7321-049-4

1997
EDITORA ILUMINURAS LTDA.
Rua Oscar Freire, 1233
01426-001 - São Paulo - SP
Tel.: (011)852-8284
Fax: (011)282-5317

ÍNDICE

Os anjos ocasionais deste livro 13

JARDIM DE EPITÁFIOS
Chorus 17
Gravura 18
Amores 19
Coreografia 20
Fluido 21
Água 23
Besouros 24
Estampa para Heidegger 25
Romance 26
Idílios do Butantã 28
Fábula das abelhas 31

TEIA DELIRANTE
Mulher sentada tricotando 37
- - - - - - - - - - - - - - - - 38
Teia 39
Forca 40
Réquiem para uma aranha 41

GUIA DA DISPERSÃO
Passante 47
No barco dos desejos 48
A urna de Vernant 49
Rito 50
Falanges 51
Sombras no labirinto 52
Miragem 55

LEVIANDADES DA LUZ
Leviandades da luz 59

A VOZ E A LÂMPADA
Voz 67
Lâmpada 69
Noite 70
Lua 71
Poros 72
Nudez 73
Sob a lâmpada 74
Suspiro 75
Fronteiras, esferas 76
Elos 77
Falha 78
Dobra 79
Chama ou sombra 80
Na língua do fogo 81
Das cinzas de um poema 82
Turner 83
Eco 84
Concha 85

MÁSCARAS FLUTUANTES
Máscara 89
Pele 90
Véu 92
Folha de rosto 93

QUADROS MELANCÓLICOS
Crítica de arte 101
Pollock, number 0 102
À luz dos vegetais 103
Cena de batalha 105
Centauromaquia 106
Quadros melancólicos 107

ANGELOLATRIA
Angelolatria 113
A rosa de Silesius 117

NOTAS 119

ENTRE O DIVINO E O TERRESTRE: ANGELOLATRIA 121
Horácio Costa

Para Stelios, Eunice e Corina

Poeta: jardinero de epitafios
Octavio Paz

Os anjos ocasionais deste livro têm o mesmo peso das aranhas, besouros e outras recorrentes figuras. Seu primeiro esboço vem da abelha ou das pétalas que o vento estrangula com as mãos. Digo pétalas, por sua semelhança com o pano diáfano das asas, sem qualquer ilusão metafísica. Mas penso sobretudo nas formas e cores desse apêndice nos anjos caídos, que o olho excessivo dos pintores com impudência enfeita e perverte, tomando por base os mais magníficos insetos. Um signo poético é uma máscara pura, persona *flutuante do rosto vazio do autor. No mais, essas florescências de osso & lama sinalizam uma aventura pelo tempo (pelo texto), registrando os momentos em que se põe a cabeça a ouvir lentamente o deserto cobrir-se de pegadas ou sombras, não raras vezes alheias (as vozes do Além ou Aleph), que povoam suas margens.*

JARDIM DE EPITÁFIOS

CHORUS

Há chorus na noite que ninguém ouve
Como também não entende
A política das flores num canteiro
A forma dançando na sombra
Oculta em sua negra sintaxe

Há dias cinzentos que ninguém canta
Emblemas de teia de aranha
Onde o orvalho cria uma língua de reflexos
E a dor que percute em silêncio
Como lágrimas numa concha

Tantas coisas passam em branco
Como o tempo no verso dos calendários
Os jogos de nuvens no crepúsculo
As ações da luz que ninguém enxerga
Mas nada conspira contra o impulso supremo

GRAVURA

Mil periantos
Não servem de escudo
Ao gineceu
Que tomba nas pétalas
Por um cupido

Se não foi abelha
Terá sido eu
Embevecido
Quem na flor secou
O ser da beleza

Ou terá sido outro
Tão iludido
Que gravou a ouro
Com ferrão
Seu epitáfio

AMORES

Abelha em flor sumária
Sem quaisquer logotipos
E ares de prosa
Consolida a simbiose dos seres
Distintos (ramos
E asas enrodilhados)
Num beijo meio esdrúxulo
(Mais coito que beijo)
De ferrão e pétalas
Que arranca zumbidos de gozo
E fugazes eflúvios
No casulo de beijos
Dessas almas de tule
Que recebem aplausos e apupos
Da flora em júbilo
Como também explica
Os favos de libido que você
Sabe com tanto gosto
Não cabem num verso!

COREOGRAFIA

Num espaço de segundos
O colibri
Vibra no ar imóvel

Com o céu de fundo
Numa escala ascendente de impulsos
Explana o infinito

Como vidros
Em rotação
Asas quase elididas da imagem

O colibri
Coreografa
O olhar de Zenão

FLUIDO

Nuvem
　　　　arco
Íris
　　penumbras
De água

O gás do olhar
Não pára de fluir

Sombras
　　　　flores
Devaneios
　　　　de símios
Tempestades

Peixes de árvore

Fluxo interminável
De imagens
　　　　ecos
Memória
　　　　de éter

Nem o sono fecha
Sua torneira
Lírica

    cílios
Dormitantes
Do deslumbre

ÁGUA

A água traz
O sabor da pedra
Por onde passa

Mãe dos odores
E segredos gravados
Na linguagem das ilhas

Água colorida
Do suor de Aquiles
Após a corrida

Que sentado na rocha exala
O suado carmim
Da palavra

BESOUROS

para Francisco Alvim

Pela janela um grito
Abre o sol
Espectros tremulam nas árvores
Mãos e galhos erguem
As sombras de um muro
Na lama onde brotam avencas e sonhos
Besouros lentamente copulam
Emaranhados de folhas
E nos alegram mais que as flores
Um grito pela janela
E quase nos esquecemos que amanhã
Renasce a dor

No entanto a chuva acaricia nossos pés

ESTAMPA PARA HEIDEGGER

Em troca de 3
Suspiros
Ligeiros
O vaga-lume
Síndico da luz
Intermitente
Num fuzuê
Que o faz
Saltar a esmo
Como se tal
Mister não
Fosse coisa
De si mesmo
Mas de outro ser
Mais ínfero
E malígno
Aperta
O abdômen
E acende a noite
Num segundo
Com seu soluço
De lúcifer !

ROMANCE

I

Êxule sem escrúpulos
Abre as portas de um
Lírio
       e gira no centro do aroma

Para qual nariz
Nenhum foi concebido
(Vide Catulo)
Pois deus na hora
Quebrou
       a ponta do íris
              (dos cílios?)

II

Lírico dissoluto
Vive seus amores em
          ciranda
       até parece
Mosquito
       esfregando

Os pistilos
        (dedos em flor)
Depois mergulha
                nos olhos
De fada de uma
            rosa

      III

Mais aventureiro
O d'Artagnan que há
Em cada um de nós
                e não menos
Ligeiro
        dança num fio
                elétrico
Com a mariposa

IDÍLIOS DO BUTANTÃ

I

Flébeis mãos
Trêmulas
Tarântulas tontas
Em seus rútilos
Fios
Com alguma carícia
De caranguejeira
Tatos dessa máquina
De unhas
Teias
De falsos abismos

II

Súbito escorpião
Teus lábios
De menina
Reflui melíflua
A lôbrega voz
Quando miras a lua
A celha loura
Se ilumina

Lacraia do olhar
Em casto delírio

III

Amada víbora
Por que me coro
Nos teus beijos
De coral
Se és verdadeira?

IV

Suave o véu
Que te envolve
Úvida e desvela
Cascavel
Mas não iludes
Nem menino
Com teu guizo
De signos!

V

Se me enlaças
Phoneutria
Torpemente
Em pêlos negros
Que me alucinam
De tanta pelúcia
Além do odor
De enterro

De teus ungüentos
E da gimnopédia
Louca de tuas
Pernas (em ganas
Revogantes
De lianas
Com veneno
Atroz na ponta)
Se me apertas
Com toda força
Dos sintagmas
E com fúria moura
Me descabelas
Até o cerebelo
Morro neutro
Espremido
Em meu tórax
De folha

   VI

Adeus viúva-negra.

FÁBULA DAS ABELHAS

Ao Horácio Costa

Em dia de iluminações risonhas,
As abelhas se espelham
Na água das pétalas e depois retornam,
Maquiadas de mel, ao palácio
Redondo da rainha. Minha janela
Aos poucos é iluminada pela cena.
Além da geléia que segregam
E das figuras que engorduram os favos,
Algumas sombras se imprimem
Em milimétrica letra de abelha:
O poema é a *colmeia dos ícones.*
As abelhas fervilham na escritura líquida.
Vejo na abelha o esboço de um anjo.
O corpo liso, origami
Dobrado em quatro folhas,
Quatro asas querúbicas diáfanas.
Serão demônios enrolados em roxo,
Ágeis como estampas chinesas?
Gárgulas e grotescos protegendo o texto
Contra a umidade do tempo?
Mas o demônio é apenas *o olho*
De deus rosqueando a carne.

Em paragens mais sacras assombram
As abóbadas avermelhando as igrejas
A ponto dos santos errarem de nichos.
Ah o que não iluminam os inúmeros círios
Que ardem no céu de seus olhos!...
Não dançam as cinzas felizes
Na garganta do santos? O sol
Atravessa os vitrais e inunda
Os suaves rostos de gesso gozando
Imóveis nesse Museu do Êxtase.
E que sinos são estes
Em que voz e escuta se entendem
Trocando sonoridades mútuas?
Feliz de quem morrer:
Se o tempo se queima no grito de um fósforo,
Será criança nos seios de Ísis!
Eis o ouro do êxtase, a luz-lazúli
Que alumia a vacuidade dos túmulos,
E os crânios crespos dos faraós envoltos
No mesmo linho urdido em ouro
Que lavrou o livro dos Mortos,
Num tempo de oferendas puras,
Erguidas em pilares de deslumbre.
Vislumbro a metamorfose da rosa em éter!
E outras coisas que se cria
Num cadinho de palavras. Poesia:
Princesa encantada em águia. Meu corpo
Começa a sumir em vôo xamânico,
Como num sonho evanescente
As diminutas labaredas, as cinzas
Do centauro que se queima

Em sacrifício à beleza.
Leitor: meus olhos andam
À luz de teus dedos. Ledo fascínio.
O símbolo é a sombra que pousa
No cerne das coisas.
Nos trilhos do impossível,
Só um céu imaginário alcança
O vôo dos impulsos geométricos,
As paixões-fantasmas
E os demônios da invenção,
Que fazem música da química,
Desfigurando a pétala:
Máscara pura do concreto.

TEIA DELIRANTE

MULHER SENTADA TRICOTANDO

para Stella Teixeira de Barros

Bom dia estrela que todo poema
É uma declaração do olhar
E cá estou em palavras porque te vi
Sentada tricotando ao pincel
De Flavio de Carvalho
Uma malha para a sua alma
E porque amanheci na imagem
Do teu sorriso (ou era do pintor?)
Quando surpreendi o sol tecido
Por suas agulhas e linhas

E suas agulhas e linhas
Vão de novo gerando
Nas mãos emaranhadas
A malha dos enigmas

Tal a mulher de Flavio
De Carvalho formada
A partir dos próprios
Fios com que tece

As pernas e cabelos
De um fio puxado não
Se sabe ao certo se
De si mesma ou dos olhos

Do artista que acaba
Ao fim do novelo mais
Dentro que fora da teia
Em nós de aranha e presa

TEIA

para Leyla Perrone-Moisés,
que também fiou essa teia

Teia ou sentido a aranha assim vai
Tecendo o que o olho com sua agulha
Fabrica emaranhado: texto ou tecido
Ao fio lúcido? alucinado? de quem fia
Sua fazenda e fazendo desconfia
Que de bem fiada à lavra de quem tece
Agasalha seja fala   seja falha
E transparente no tecido permanece
Quando de sua lã irrompe ovo a obra
E se possa então recomeçar a tecer
Um novo fio e assim indefinidamente
Tecendo-se sem sentir pois tecer
É preterir a cada fio   a cada hiato
Entre gerar e digerir todo o ser
Produto-fim que uma vez tecido
Já começa a desfiar-se teia ou sentido

FORCA

Toca e persuade o grito
A teia delicada
Atada a pesos lúcidos

Que a aranha apanha
Com a alma em precipício
Alegria presa ao mito

Ou quando enfaixa
Prestimosa (uma a uma)
Seu trofel de asas mortas

Enquanto o céu inflama
A golpes de lua
O presépio de moscas

Cujos crânios flutuam
No esplendor egípcio
Dessa teia ou forca

RÉQUIEM PARA UMA ARANHA

A teia balança os cabelos
De letras no céu da miragem
E a folha branca escurece
De minúsculos seres gritantes
Enquanto a aranha nua
Que trabalha a teia colorida
De um precioso novelo de lúcula
Se confunde com um súbito asterisco

      *

A aranha afoita lembra
Aracne (moira benigna) liando
As delicadas forcas de renda
Para olhares que sondam
Enamorados seu tecer cioso
Quando a pálpebra se abre na obra
Que engendra
              E mesmo que se perca
Nos prazeres dos atalhos e sedutores
Desvios ejaculando luz
Sorve larvas de beleza
No cérebro que enreda

Mas a aranha sonha sempre
Com algo maior na próxima vez
Que lhe estufe a rede:
— *rouxinol chinês!*

Descrever o fim dessa aranha
É desfiar um nirvana
                        As partes
Soltas da teia são formas
Do luxo que latejam desfiadas
Tramando contra a criadora
E carcereira mãe-aranha

A teia cega se transmuda
Em traiçoeira mortalha
(Metáfora embebida em veneno)
Sonhando sua doce astúcia

E assim furtivamente
Mistura seiva mortuária
À tenra luz do orvalho
Enquanto a aranha dorme
O sono da lucidez cumprida
Prenhe de almas alheias

Como um anjo às avessas
De asas em negror luzente
Sonha que caminha ausente
Em suas pernas altas e negras

As partes mais voláteis da teia
E as formas tênues mais

Flagrantes do belo (tumba
Cintilante da aranha moritura)
Logram servindo à criadora
Enquanto viram criaturas
Como em "O Poeta e a Escritura"
Esta fábula paralela

Ao fundo Aracne ressona
Confiando a própria sombra
Ou fiando ao Morfeu que a nina
Felicidade em dedos longos

Mas perdida em sua tela
Toda trama se revela
Para todos (menos para ela)
Que não sabendo mais quem é
Se o que fia ou o que freme
Oscila entre a sombra e o sentido
Presa na própria rede

A aranha enfim se dissolve
Num *fading* de gritos
Negros
        E a teia
              carcaça flutuante
Enovela a múmia
            na fosforescência

GUIA DA DISPERSÃO

PASSANTE

Além dos ninhos
Secos dos telhados
E das arestas limpas
Com esmero felino
A memória traz
As amarras soltas
Como os sonhos
E os caminhos

O homem de olhar esquizo
E lã nos passos
Acalentando pássaros
Nas mangas do terno
Pensa horizontes
Com mãos de aranha

Íris perdidos
Correndo
No rosto de vidro
Gira o crânio
No chapéu de feltro
E afasta névoas
Ou dilúvios de cachimbo

NO BARCO DOS DESEJOS

*à memória
de Walter Bittencourt França*

Doutor
Em que me pese a alma
Associo livre e penso plumas
Mas dispenso o divã do Paraíso
Como quem tomba um vaso de martírios
Eis minha última fala
Pois este ato sempre falha
No barco dos desejos
Caro senhor do suposto saber
Associo penas e viro livro
Mas prefiro mesmo
O divã daqui das Perdizes

A URNA DE VERNANT

para Antonio Medina Rodrigues

Não encerrarás meu sonho numa
Urna perpétua, surda, para ser
Lançada aos mares com tampos
Paranóicos de Pandora. Meu olho
Regenera como estranha prometéica.
Com ele o medo de um éden mínino,
Sem o sal das ninfas solícitas.
Dentro da urna ardia o enigma,
Ovo em lustro pressuroso, quando
Explodiu a gargalhada de Vernant:
Ele mesmo, o professor, tão ou
Mais ladrão de chamas que o filho
Do Titã

RITO

Olhar desfigurado de bacante
Vira o fogo do avesso
E bebe seu delírio

Folheio um livro
Nos teus olhos fixos
Medusa difícil

Quando abre os olhos
Incendeia os cílios
De gozo e perda

Labareda de ecos
(Palavras)
O silêncio é a cinza da beleza!

FALANGES

Nuas se esticam
Em direção ao mar
De palavras. Trevas
Bordam as margens

Da luz que se esvai
Entre os dedos:
Anéis rarefeitos
Em formas de não

Nada subtrai o tato
Que consome noites
E afrouxa os olhos
Que o perdem sãos

O sonho das falanges
É jamais voltar:
Novelos partidos
Minotauro sem ar

SOMBRAS NO LABIRINTO

Sombras no labirinto
Não escrevo
As coisas que sinto

sigo ecos
de Pessoa.

Por toda parte
Os sentidos me fogem
Dos signos

formas
no vazio

Pulso lento retorcendo
Sombras no silêncio

Assim escrevo tudo
E nada dissimulo?

Mergulho fundo no tinteiro
Meu ser flutua
Em bolhas de *spleen*

sonho névoas
nos cabelos de dândi

Angústia
Teu vulto me expande

Tenho panes de memória
No labirinto escuro
Não sou este velho

> *Borges meu outro*
> *deixo teu reflexo*

O tempo gira o corpo cego
Nas estações perdidas

Sangram as notícias
Caladas no âmago

Meu sangue infla
A hidra das linhas
Também chamada poesia

> *enxurradas*
> *de nada!*

Sangro de não poder
Colar os lábios
Da lâmpada

> *lambo a cicuta*
> *dos cílios*

Sombras medram
Na agonia da luz

catadupas
de gritos!

lufadas de éter!

Sombras gritam
No ouvido escuro da voz

A morte esquenta
janelas para a saída

MIRAGEM

Algo que não alcanço
Mãos e pés suspensos
Não era bem esse o termo
A base do céu é rota
Onde começa o sublime?
Rasgo outra folha
Por amor ao silêncio
Não era bem esse o tom
A sombra entre a linha
Aranha em forma de lua
Mas não exatamente isso
Era algo que não decifro
Lua em forma de aranha
Ou mesmo outra coisa
Algo que me perturba
E embaça a retina
Forma que se transfigura
Mal lhe toco o ombro
Sombra que foge do morto
Como a pele da chama
Miragem veloz da beleza
Contorno sem luz ou definição
Talvez a gema essencial
Que resvala entre os dedos
Como um beijo de cinzas

Quanto segredo numa sombra
Tesouro sem paradeiro
Algo que não concebo
Tecendo à luz das aranhas
O ovo impossível das línguas
Ou nem era esse o halo
Que passou como estranho vulto
Pisando de leve o concreto
E já voando no sonho
Sem alcançar as uvas da cabeça de Baco
A úvea instantânea
Que se abre e fecha
Embaralhando imagens
Sem reter o fio do deslumbre
Que se perde ou se parte
Na unha terminal da Parca
A página desse roteiro perdido
Cuja miragem nasce
Da mistura dos olhos
Nas areias do livro
Que por ser feito de palavras
Vai perdendo o impacto
Dos vagos edifícios imaginários
Que se queimam
Tão logo abertos
Como a bolsa dos valores efêmeros
E meus olhos na gordura
Dos lampejos

LEVIANDADES DA LUZ

LEVIANDADES DA LUZ

Luzes camicases invadem a página.

*

O branco quer mácula.

*

Error na fração do sentido.

*

Lavar diariamente os miasmas da palavra amor.

*

Cútis de desejoso tem saliências vulcânicas.

*

Sou o palco das querelas entre a alma e a carne.

*

Noctâmbula flama, a perdição da insônia.

*

Cílios crescem nas convalescenças.

*

Lobotomia de lâmpadas.

*

Mover penumbras impossíveis.

*

Imagem nacarada nos confins da memória.

*

Gata-parida de fonemas, a origem do poema.

*

A dor usa luvas ou escadas de incêndio.

*

Vultos têm veleidades de luz.

*

Defuntos descartam a sombra.

*

A colorida esperança de um microcosmo sem portas (para outros corpos).

*

Chove um rosto nos ciprestes.

*

Meu lado melhor é a febre.

*

Um tributo ao que escapa das mãos do poema.

*

O poema não verga ao sentido: ascende em seu halo.

*

Notívagos distraídos engolem fogos-fátuos.

*

Lua, a cabeça da noite.

*

Nas sombras do quarto alcanço a última obscuridade por me

abraçares como um candelabro.

*

A rua ensurdece nos vultos lavados de chuva.

*

A tinta do dilúvio.

*

Teus olhos ressurgem na última gota,
onde a cidade inteira borbulha.

*

??? Sinais marinhos: *hipocampos*.

*

Praticamente o olho é um navio.

*

Poentes não têm timão.

*

O maior risco dos desvios é o de tornarem-se pontos de chegada.

*

Quem faz dos beijos agasalho corre o risco da nudez.

*

Rateios de beleza não levam ao êxtase.

*

Um beijo escorre no muro.

*

Espectros não usam brincos por razões de equilíbrio.

*

O sorriso mais magnífico me veio de uma parreira.

*

A palmeira é uma árvore em desalinho. Há controvérsias.

*

O crisântemo bate à janela.

*

A voz das violetas calam meu silêncio.

*

O silêncio dribla o poema.

*

Aranhas vibram quando ligo a tomada.

*

O livro é a sombra da árvore.

*

Sob o véu da luminária a vespa fingiu ser Sherazade.

*

Mil e uma noites onerando as lâmpadas do sonho.

*

Laocoonte ou torção de neurônios.

*

No varal a roupa imita seu dono.

*

Perdi meu rosto na escuridão do mapa.

*

O melhor antídoto é o alívio.

*

A VOZ E A LÂMPADA

VOZ

I

Tão lenta
Que o ar com pena
A completa e expande

Nuvem negra
Ao fundo da página
Chovendo para cima

Mais doce que ácida
Trazendo à luz
E apagando as letras

Em mãos vazias
De lua ou lábios
Que jamais derramam

Outra coisa além
Das sombras brancas
Do poema

II

À menor barreira
Não titubeia
Obedece ao silêncio

Sob a lâmpada
Se espalha
Luar sobre a página

Seus lábios
Clareiam
Quando anoiteço

LÂMPADA

Acesa revela
Mareações na pele
Variando as sombras
Conforme o olho

Que a luz aperta
Afrouxa e encadeia
Urdindo o corpo
Em cintilância negra

Onde resvala
O traço prestante
Ao sublime das coisas
Carentes de esmero

O melhor sentido
Jamais se fixa
Alma que não se pega
E não deixa vinco

NOITE

A noite cai
Relevo nítido
Sobre a página

Iluminando os edifícios
Distantes
         palavras
E seus pertences brancos
Luares
         janelas
Colírios da solidão

LUA

Tão somente
              o cílio
Que arqueia
Na língua da noite
O silêncio
Movendo sombras
Num cenário persa
Em livre expansão
De corpos delgados
Emulando o incenso
Que o amor começa
Por baixo do véu
Festoando os poros
Em promessa mútua
Até a extrema cinza
Ou sudário de beijos

POROS

Poros unânimes
Acendem desejos
Decretos
Desvelos
Escorrendo à pele viva
O veneno
        do sim
Nada mais
Inflama
E serpeia a garganta
Voz em chamas
Fechando   lábios gigantes
Entre cinzas

NUDEZ

Alheia a tudo
O que oculta
A nudez exibe seus poros
À luz fina que penteia
Os vazios da sombra
Que ostenta em longos
E desolados negros
Caindo nos olhos
Cobrindo as lacunas
Do espelho veloz
Que lhe custa
Os segredos do corpo

SOB A LÂMPADA

A nudez dá medo
Sob a lâmpada
Que o corpo amado se derreta

E liquefeito fique
Tão logo se queime
Mais perto do êxtase

Não haverá para nós
Melhor acesso ao supremo
Clarão do instante
Que a respiração suspende

Não haverá mais vento
Depois da construção do imenso

SUSPIRO

Suspiro
Amparo da voz
Vaporizada em traço
Rapidamente sobe
Por volutas mestras
Impulso
Encastelando o ar
No coração da alma
Que cai
No vazio
Corolário escasso
Esmaecendo os volumes

FRONTEIRAS, ESFERAS

O talho no íntimo
O que diz além do ardil?

Afasto as fronteiras da pele
No que a pele tem de luz
Isolada em seu timbre

Vejo outras peles
Sombras velhas
Novos lindes

O imenso fica do lado oposto
Ao que no coração aperta

Estradas aéreas
Pegadas voláteis
Prometem
A luxúria das esferas
Os giros calvos do sentir

E no extremo do extremo
Delirante pássaro
As mutações do céu

ELOS

Elos
Relevos
A nitidez
Arma seus pólos no negro
Abre dois olhos
Pende em cachos
Na folha
Frutos
Que doam seres
De antes
De sempre
Sonhos
De árvore
Soltando serpentes
Certezas da luz
Que caminha
Deus
Sobre
Patas

Aranha tranqüila

FALHA

Lance de sombras
Na claridade móvel
Fantasmas em gotas crescentes
Escoando presença
                      o traço
Se abre
        no escuro
Abraça o sentido fugaz
Bebendo a alma do lampejo
E forma um anel
Em volta da falha
                  olho
Por onde o ser
Escapa

DOBRA

Na pista da beleza
A mente pousa
Os poros armam
O olho ágil e os grandes lábios
E a dobra cintila
Ao óleo negro do lume
Fazendo as vezes da silhueta
Que o branco alude
Sem ter certeza
Qual a iniludível figura
Antes que a fuga
Do fósforo
Provocando a chama
Consuma o texto
Em louvor ao silêncio
Que tanta luz preside e alumbra

CHAMA OU SOMBRA

Haste diminuta
Fímbria do equilíbrio

Nada se sustenta
Fora do sentido
Que não tenha o ar
Por mesura

A pele desta sombra
Tem o peso de uma chama
Alegre e lúcida
Em sinal de fúria

Que o âmago revira
Dentro da cinza
Sobra de luz incontida

NA LÍNGUA DO FOGO

Rondam lábios
As coisas íntimas
Em cachos loiros atirados
De seu ciclo de esplendor
Além dos olhos fixos
Na imensidão do brilho
Que induz ou desvirtua a tez
Ao mais extremo rubor
Como um fincar
Na pele aquosa
Não de rosas
(O espinho aflito)
Mas de perenes âncoras
Tão vermelhas quanto
O prolongar insano
Da sensação no rosto
Olhando o beijo que rarefaz
Na língua do fogo
Unindo as labaredas
Do corpo

DAS CINZAS DE UM POEMA

De coruscar os cílios ao virar a folha
Em flamas de azuis uníssonos
Os lábios que já foram vivos
Sopram suas próprias cinzas

TURNER

                       luz
Escurecendo a procela
                             serpente
Lúcida sobre ondas

ECO

Imagine
No ecoar
Da concha
A coisa
Em si
Maior
Voz
Em pleno
Vôo
Sem plumas
Metafísicas
Só puro
Fluir

Imagine
A forma
Dessa
Voz
Só de falar
Ouvir

CONCHA

Lançar a voz ao infinito
Encontro de outras
Que ecoam nessa concha maior
Ou fonte de ressonâncias
Onde giram mitos
Quimeras e sombras
Que o tempo mistura
Desde o primeiro Homero
Que entoa essa língua única
Ou Ilíada de todos
Gerada por tantas mãos
Em ondas de maré inacabada
Que esconde
E traz de volta as palavras

MÁSCARAS FLUTUANTES

MÁSCARA

Corre um olho invisível
Por dentro
De cada palavra que sonha
Sair da máscara
Como um sonho de larva
Em cada olho que sonha
Voar além
De si mesmo e da palavra
Cada olho que sonha
Sair da máscara
Em outra pessoa
Trocando a pele
No percurso da imagem
Cada olho que sonha
Fossilizar a luz
Em ressonâncias de sombra
Sem virar cinzas
Toda vez que inflama
Com metáforas secas
O gás do rosto
Pondo a máscara em chamas
Como se palavra
Não fosse
O ser que esconde
E ressoa em sua máscara

PELE

Pele ígnea
          quase cinza
                    em nervos de água
Desmancha-se
          carmim
                    nas mãos aflitas
Arvoradas
          por suturá-la
                    na língua da aparência
Com agulhas cegas
                no que descora
À luz dos poros
          de mais outro
                    (de mais seu)
Que a máscara cai
              como luva
                    ao ritual dos olhos
Escara ao sol
          como uma têmpera
                        ex-cara
Quando cai
          ínfera tez precária
                    mas revelada
Se pre-clara

                gema de fenômeno
                    cuja face
                              (placenta)
Subitamente
                flutua

VÉU

Se o rosto embaça o véu
E aguarda a cal
Do acabamento
O esboço esfuma o olho
Que falta ao lume ser perfeito

Se o rosto chama (ruborizado)
Pelo toque da lisura

Se o véu refaz o rosto
Ao suor da transparência
Não há fundo no olho
De quem vê
    cego de céus irreais

Que de vasculhar no outro
(Ausente) sua forma
      anula o olho
(Alvo) do delírio
     que a miragem
Do esboço
   à sua imagem
      e diferença
 Costura em outro
    rosto

FOLHA DE ROSTO

to Paulene, a cybernetic goddess

Lucífera máscara, a beleza efêmera
Não desconfia
De quem vai destruí-la,
Penélope desfiando o boneco de Ulisses.
E desejosa jubila
Em seu corpo
Nu como um manequim
Aos domingos,
Sob o forro da luz morta na loja.
Difícil ver pronto
Esse crânio de Vênus
Que se queima tão prematuro:
Elmo que masca o próprio ferro,
Sem que um dia inteiro finde
Até roer o tutano.
Num minuto de vento,
Sequer somos donos de nossas feições
Que mudam como a luz do dia
Sem ofuscar sua lâmina
Ou resolver este enigma:
Um crânio com as cores do nirvana.
Mas também despede a cabeça,
Hidra como tantas,

Que sempre ressurge
Em fronteiras de Gertrude
Destruídas por Picasso.
E de novo no banheiro, sob a neve
Do pincel de barba,
Aparando as horas
Com a navalha eufórica,
Penso embelezar a Vênus
Violando a memória:
A começar pela folha do rosto,
Maquiada de brilhos vagos,
Onde cílios postiços
(Asteriscos)
Realçam a cútis em percalux,
Polvilhada de orvalho,
Com lombadas de veludo,
Para transformá-la em livro,
Excessivo como tudo.
É tal o luxo do papel timbrado
Que imprimo a meia-lua da unha,
Mais oriental que nunca.
E roço, tateando o linho,
Quão lenes são os fios
Dessa vassoura de umbras
(Cílios)
E os passos de pelúcia na penumbra...
A bailarina luz
De minhas pálpebras (que se abrem
E se fecham ao longo da alfombra),
Atinge em cheio o poema:
A Vênus se deslumbra
Com a própria sombra.

E já recebe o selo estalado no olho
Como a brasa de um beijo:
Um *ex-libris* vermelho-língua
Em coração de organza,
Com um dragão decorado ao meio.
E o vulto se tatua de sereia
Coroada de safiras
Para o delírio marinheiro
Desse mar de ressonâncias!...
Mas o que faz um grego
Com grelos de peixe!?
Caras e cores se sucedem
Para vingar sua têmpera,
Dobra ou ruga, sombra que seja,
No espesso palimpsesto.
Santa exuberância!
Os olhos que enfeitam meu corpo,
- Diz o pavão -,
Não valem um cisco
Do furinho feio por onde enxergo!
Mas as fêmeas só me querem
Pela cauda glamourosa de ocelos,
Cor de prata, ouro e marinho,
Cujo encanto se quebra
Quando o corpo em leque se fecha.
De que vale andar no sonho
Se não suportam
Os sapatos de topázio
À menor curva de uma brisa?
E a pele negra emaranha
Suas pernas de aranha ou ideograma,
Correndo de lado como corre

Uma górgona grega ajoelhada,
Que em poesia abre asas, calígrafa,
Agenciadora de ícones.
Pruridos, cores nascentes,
Tento achar sentido
Raspando as entrelinhas,
Urdindo as aparas ...
A poesia, musa elegante,
Usa na pele pérvia
Casaco justo com botões de jade
E tem a generosidade
Do anjo
Que alimenta a lua com as próprias asas.
O poeta trabalha
Num andaime de estrelas
E urina de alegria
Cada vez que olha
Da janela alucinada
Como as bundas penduradas de Brueghel.
Depois do milagre,
Com refegos de deslumbre,
Se não afoga o santo em lágrimas,
Passa cal por cima
De seu anjo esmagado.
(Anjos caídos são mais coloridos,
Ao menos conforme as pinturas;
Cópias de seres ínfimos
Como insetos:
Anjos que qualquer Pantagruel
Libaria como ostras
Ou côdeas de siri.
Anjos magros de Botticelli

Robustecem em Ticiano
Com élitros de Fra Angelico.
Mas nada é mais estranho
Que os anjos foscos de Tintoretto
Que se arrastam em bandos
No teto engordurado d'*A Última Ceia*).
Num último alento,
Arranco a própria vista.
Mas de novo a cabeça
Não se ajusta no esboço,
Sempre maior na dimensão do sonho.
Surge um novo rosto
E depois outro e mais outro,
Vindos de um mesmo útero,
Mãe de todos os rostos...
Folhas e folhas de rostos girando
Em torno da origem
(Fetos e defuntos),
Até perder de vista a forma
Ideal de um rosto único,
Definitivo e livre do esboço:
Rosto de maré interrogante
Em ondas de olhos abertos,
Ávidos de poros e amor de língua.

QUADROS MELANCÓLICOS

CRÍTICA DE ARTE

Gosto dos olhos doentes de Andy
Warhol
Mas não de sua arte
Como admiro seus cabelos
E óculos em 64 lembrando Sartre
Numa foto vazia
Como invejo
O fim do artista em seu mundo
Repleto de trastes
Mas Andy
Teus mitos não me encantam
Só a tua melancolia

POLLOCK, NUMBER O

Se pintura
Me arranco a pele
Que cobre teu corpo
E giro no retângulo mais profundo
Recebo a rebelião
Das tintas
Em fúria
E o tumulto dos pincéis no tempo
Pela marca (eterna?)
De luz cor e linha
Onde os signos
Soprados se abraçam no emaranhado
Murmurando a carne
E o sangue
Ao *dripping*
De quem no gesto borrifa sonhos
Numa tela interna
E imprime a alma
Com um sopro

À LUZ DOS VEGETAIS

Auvers-sur-oise, 1890

    À luz
Dos vegetais
As cores fervem
Na paleta

Uma rajada de tinta
Corta súbito
A fulva
        paisagem
Entre
     corvos
Trigais
      e sombras

Para espanto
Das esferas

Enquanto a orelha
Sangra de nudez

A alma
        se banha
No fogo
Das papoulas!

CENA DE BATALHA (POR VELÁZQUEZ?)

Os cavalos se afastam. O chão esfria
Florido de sombras projetadas
E armaduras reluzentes (espelhos
De pássaros).
               No silêncio das armas o vento
Nos penachos
              coloridos
                      o sol quase
Fluido.
        Por dentro dos homens se apaga
              a luz dos esqueletos
Enfim pacificados ao pincel de Velázquez.
                                      E se
O pintor passou por aqui
                        deixou os cadáveres
Sem lemnisco
            sós
                e amortalhados de ar.

          Da boca dos canhões feridos
Ainda escorre viva
              a tinta dos tiros

CENTAUROMAQUIA

para Leon Kossovitch

O vaso não
         imobiliza
Os corpos
         em atrito.
                A luta
Se trava
      nos olhos

Onde cascos e ferros
Laceram a vista
A golpes certeiros
Que por pouco não descolam
A pintura (a retina)

O céu da caverna.
                Urros
De centauros
         ressoam
Na cerâmica
         negra
Opaca

QUADROS MELANCÓLICOS

para Samuel Leon

I

A bem do logro de errar
Por prazer ou assombro
O pincel de Goya
Ao cobrir a tela
Descobre a Maja Desnuda
No meio da treva
Grávida de monstros e delírio.

II

São Sebastião beijado de setas
Flamejantes
Alucina de veneno
Vendo o sol petrificar-se
Em seu tronco torso em flor.

III

A virgem dos vagos devaneios
O cristo empalhado no seio

Molha as entranhas de luz
Torturada em êxtase
E desfalece como um anjo.

IV

A voz da chama agoniza
Na garganta das cinzas.

V

Dürer abre as asas
Ao fundo negro da melancolia.

VI

Santos dejetam cinzas.

VII

Por quem lhe dera em vida
O ar (agora Aurélia morta)
Nerval balança
Nas grades do futuro
Teatro Sarah Bernhardt.

VIII

Do Narciso de Caravaggio:
— E o lago imantado
Turva-me a vista
Nessa busca vazia

Em que me dissolvo
Pura tautologia.

IX

Sob um dossel azul-lânguido
Entre um castiçal com orla
Em lótus-índico (ou incensório?)
Um rosário de pérolas e um vaso
De flores com estampa rococó
As amantes de Courbet
Olhos fundos de gozo cerrados
Fundem-se ressudando óleo
Em leito ignoto.

X

João da Cruz cheira o sexo
Úmido das rosas e levita
Nos ramos da luz.

XI

Teresa sai do corpo
Pelas mãos suspensas
Nas espiras do êxtase
Todas as noites em vigília
Nos castelos do gozo
Que inunda as palavras
Tijolos de luz erguendo
Vivas moradas.

XII

As figuras se desmancham
Como cores no éter.

ANGELOLATRIA

ANGELOLATRIA

O anjo de Melozzo tange frouxamente uma viola
Em forma de lua. Rosto displicente e feminino.
Sobre a cabeleira exuberante (loira, encaracolada)
Uma auréola reluz como anéis de saturno.

Perugino é um acinte! Dois anjinhos flutuam
À guisa de besouro (asas escuras) ou percevejo.
Ladeiam dois músicos em êxtase como iluminuras
Numa página. Outro ao chão faz as vezes de peixe.

Os mais sensuais são barrocos. Rubens os coloca
Juntos de Jesus criança. Os meninos se misturam.
São vermelhos, gordurosos e robustos. Um deles
Abraça uma cabra enquanto São João (?) come uvas.

Guasta tem dois anjos grudados, olhando uma
Partitura. Suas asas são de ouro vivo e os pênis
Pequenos pingentes entre as curvas das coxas:
Pomos livres que por pouco não descolam e voam.

Haring fez um anjo negro e alegre que se ergue
Sobre as ondas diante do olhar incauto de um
Tubarão. Tem forma de sereia (grega?) em asas
De borboleta exclamando contra um céu vermelho!

Nos braços deste anjo pendem copas de flagelo.
Por que tão triste? A auréola pesa uma tonelada,
Além das asas de barata, brancas com incrustações
Turquesa. E uma lágrima caindo como âncora.

Agarrada a um pilar, como quem se esquiva (puro
Assombro), a Virgem de Braccesco, sóbria e linda,
Se defende como pode de um anjo faixa-preta,
Que, se não rasgá-la ao meio, afundará ladrilhos.

Branco como um cisne (quase hélice) ou lírio que
Girasse: nem morto se desfolha ou flana com mais
Graça. Barocci igualou pesos e medidas: na roupa
Esvoaçante, o crânio loiro pende (leve lâmpada).

O dragão de Bonaguida, cobra verde esfuziante,
E seu séquito de demônios (pés-de-gancho, diangas,
Tições) enfrentam, sem sucesso, as três lanças
De Miguel, o guerreiro de asas cor-de-abóbora.

Vagarosa entre as nuvens a Virgem ruiva desliza
Na ciranda de anjos róseos. Del Sarto pôs alguns
Sob a capa de cetim azul. O mais ousado conduz
A santa, puxando-a pelo pé reluzente e nu.

Os anjos de Giotto, sempre vesgos, fazem drama:
Choram, rodopiam, esperneiam, quando não voam
Rarefeitos (como nuvens), infernizando o mártir.
Um de cara feia colhe o sangue com a tigela.

O arcanjo de Rembrandt (lustre breve que se apaga),
Deixa no escuro a família de Tobias. Temerão

A noite fria, sem o calor da luz intensa (pele
Aérea) e o aroma de suor das asas irisadas?

Fra Angelico faz das suas um guarda-sol listrado
(Ocre, negro e azul, com franjas vermelhas), aos pés
Da Virgem (verão sutil). Seu pano exibe o luxo
Do artefato em vez de naturais plumas de pássaro.

A moça alada dorme numa asa (plumas brancas).
A mão protege o seio que palpita. As coxas unidas
São portas firmes (cornucópia) e o rosto, janelas
Fechadas. Thayer vê assim a mulher.

Os anjos de Van Dyck são luzes semi-nuas
Que dançam, entrelaçadas, entre as sombras.
Ao chão rolam frutas. Nesgas coloridas flutuam
Em volta (suas vestes), sutilmente velando seu sexo.

Os de Blake alongam-se como chamas que se tocam
(Asas, dedos, centelhas) nas extremidades: duas
Mãos em concha culminando intermináveis braços
(Um baldaquino sobre o leito de Cristo).

A Virgem medieval não ergue os olhos do chão.
Deus se esgueira neste baixo céu como a sombra
De um lagarto. Anjos carolíngios rodeiam Daniel,
Que tem os pés lambidos, açucarados por leões.

Luz de peixe aos olhos fundos, devotos de minúcias
Invisíveis e raros envoltórios, os anjos de Cavagna,
Jubilosos de sigilo malévolo (infante), espreitam
O que vem do mundo em seu balcão de nuvens.

Em pleno equilíbrio da luta sereníssima,
O anjo encara Jacó. O sol efervescente queimando
Seus perfis, o céu curvando cinza como um juiz.
A pintura harmoniza vencedores e vencidos.

De olhar Teresa nos olhos (ferrolhos), gozando
Lentamente como um soro, o anjo de Bernini se comove
Ao ver que a santa empalidece, fugindo com a chama
De uma vela. No mesmo instante se dissolve.

A ROSA DE SILESIUS

A luz santa que bebo
Vem da eternidade
Como a rosa imberbe
Sai das palavras
Sangue de orvalho ou pus de anjo

Não basta ao poeta
Deixar os olhos onde deus aperta
Da criação a tecla
E a semente que fala
Tirar seus ramos da eternidade

Se a flor que ouve
Sua voz futura sabe
Que só mesmo após tanto orvalho
É que fica pronto
Seu último aroma

Deus assina em branco
A folha em que o poeta sonha
Mas deus é a palavra
Sem véus de sombra
Que o tempo sopra

Deus é o ato falho
Das coisas relevadas
À luz de cada olho
Que a todas grava
Na lousa clara do esquecimento

E assim a palavra
Incorpora o tempo
Em seu leque amplo
Tecido de sonho
Escreveu na treva um anjo

NOTAS

O poema mais antigo deste volume, "Besouros". é de 1977. Os demais foram escritos nas últimas duas décadas, percurso em que sofreram várias modificações. Trata-se, pois, de uma seleção de textos de fases distintas da minha produção. A idéia de um livro dividido em partes, cada qual com uma orientação temática diferente, nasceu em 1991.

"Réquiem para uma aranha" ilustra (parodia?) uma reflexão barthesiana sobre o sujeito poético na escritura. *Texto* quer dizer *Tecido*, um véu que esconde (e revela) o sentido (a verdade). Um texto se faz através de um perpétuo entrelaçar de fios, como a teia de uma aranha: "Perdido nesse tecido, o sujeito se desfaz, tal uma aranha que se dissolvesse ela própria nas secreções construtivas de sua teia". Roland Barthes. *Le plaisir du texte*. Paris, Seuil, 1973. (Col. Points) p. 100-101.

Cada estrofe do poema "Angelolatria" se inspira em obras de arte singulares cujas referências indico abaixo, em ordem seqüencial correspondente à das estrofes no poema:
- Melozzo da Forli. *Anjo tocando violino*, 1480.
- Perugino. *Anjos músicos*, detalhe de *O altar de Vallombrosa*, 1500.
- Peter Paul Rubens. *Cristo e São João entre os anjos.*
Benvenuto di Giovanni Guasta. Detalhe de *Histórias da Virgem,* 1470.
- Keith Haring. *Sem título,* 1982.
- Giusto de Menabuoi. *O anjo com as sete copas para os castigos,* 1376-78.
- Carlo di Braccesco. *A anunciação.*
- Federico Barocci. Detalhe de *A circuncisão,* 1590.
- Pacino di Bonaguida. Detalhe de *A aparição de São Miguel,* 1340.
- Andrea del Sarto. Detalhe de *A assunção da Virgem,* 1520.

- Giotto. Detalhe de *A crucifixão*, 1305-1313.
Rembrandt Van Rijn. *O arcanjo Rafael deixando a família de Tobias*, 1637.
- Fra Angelico. *A anunciação*, 1450.
- Edward Steinle. *Jacó lutando com o anjo*, 1837.
- Abbott Handerson Thayer. *Figura alada*, 1889.
- Anthony Van Dyck. *Detalhe do descanso na fuga para o Egito (A Virgem entre as perdizes)*, 1630.
- William Blake. *Anjos guardando a tumba de Cristo*, 1806.
- Detalhe de *Daniel na toca dos leões*. Extraído de Beatus de Liebana (798 dC.), *Comentário do Apocalipse*. Iluminura.
- Gian Paolo Cavagna. Detalhe de *A alimentação dos cinco mil,* (sem data).
- Gianlorenzo Bernini.*O êxtase de Santa Teresa,* 1645-52.

"A rosa de Silesius", homenagem ao poeta barroco alemão Johann Scheffler (1624-1677), que adota o nome de Angelus Silesius, nasceu da leitura de seu dístico "A rosa", na tradução inglesa de Maria Shrady. In: Angelus Silesius. *The Cherubinic Wanderer*. New Jersey, Paulist Press, 1986.

The rose

The rose which here on earth is now perceived by me,
Has blossomed thus in God from all eternity.

A rosa que vejo sobre a terra agora,
Floresce em Deus pela eternidade afora.

ENTRE O DIVINO E O TERRESTRE: ANGELOLATRIA

Numa de suas celebradas leis da mecânica celeste, fundamentais para o avanço da física e particularmente da astronomia, Kepler formula uma hipótese surpreendente: a de que os anjos empurravam os planetas pelo cosmos, que esses seres celestiais eram os responsáveis pela sua eterna rotação. Ao mesmo tempo em que esta hipótese testemunha o espírito de transição do barroco, entre o universo presidido pela religião e a institucionalização da ciência pura, poucas imagens podem, por outro lado, indicar-nos com maior clareza aquilo que, nos complexos escaninhos da mente humana pressupõe o desejo de escape, ou relativização, das amarras de nossa própria racionalidade. Em sua hipótese, Kepler tenta o impossível: conciliar o mitema com o enunciado frio da razão, desiderato este que, sobra dizer, não cabe em nenhuma fórmula, nenhuma lei científica, mas que é próprio, que sempre foi próprio, da articulação da palavra poética, lugar por excelência de conflito e solução de discursos de diferente origem.

Não carece referir-se ao *pedigree* dos anjos. Qualquer pessoa medianamente exposta ao tronco cultural judaico-cristão tem conhecimento tanto em termos narracionais como icônicos desses representantes do divino para o terrestre. A Anunciação, para os cristãos, corresponde ao momento em que a palavra divina é feita notícia e prenúncio de divindade, na boca do Arcanjo São Gabriel.

Por outro lado, uma das passagens mais misteriosas da Bíblia refere-se à luta corporal que Jacó tem com um estranho ser, provavelmente um anjo, na qual o patriarca de Israel, ao resistir ao atacante sem deixar de envolver-se com ele, tem reconfirmada a sua fortaleza, que simboliza, não é demais dizê-lo, a de seu povo. Nestes dois momentos se exemplificam as duas valências básicas desses seres celestiais: mensageiros etéreos e agentes de demarcação das potencialidades ou dos limites humanos, que são portadores de *outra* voz, a divina, mas também de *outro* corpo, nem divino nem humano, e daí proclive a ser explorado, como sempre o foi ao longo de séculos pela pintura ocidental, em termos de variável sensualidade, muitas vezes próximos à blasfêmia. Esses seres problemáticos inspiram não apenas o hieratismo dos anunciadores de Fra Angelico ou Da Vinci; sua natureza — sobre a qual se forjou o bizantino disputar sobre "o sexo dos anjos" — inspirou também os esculturais cupidos, pubescentes e concupiscentes, que povoam as telas de Bronzino ou Caravaggio, e os carnosos querubins de Rubens, que realçam as promessas eróticas da enxundiosa Maria de Médicis.

Não me refiro ao "anjo caído", à valência luciferina do paradigma angélico, que obedece a um outro horizonte moral, o do Mal. No lado de cá, no lado no qual provavelmente nos encontremos tu, leitor, e eu, neste lado no qual seguramente mana a poesia de Augusto Contador Borges, o do Bem, o paradigma angélico continua oferecendo ao indivíduo escrutações várias e, mesmo, inesperadas possibilidades de adoração. Adorar aos anjos não é adorar a Deus, sem deixar de sê-lo: daí o seu atrativo insuperável; adorar aos anjos recorda o paganismo e mesmo o panteísmo — em tanto que os anjos são legiões (no século XIV, ensina o *A Dictionary of Angels*, os cabalistas estabeleceram que havia nos céus 301.655.722 deles), ao passo que o Criador é um só —, porém não abandona, na melhor tradição de metonimização que acompanha a formação do espírito religioso ocidental, a veneração a Deus-Pai, já que adorar partes de sua criação implica também, e heterodoxamente, em adorá-Lo.

Santo Agostinho disse (em "De diversis questionibus octoginta tribus") que "cada coisa visível neste mundo está posta sob os cuidados de um anjo" (daí, a noção dos "anjos da guarda"). Antes de perguntar-nos o que passaria com as coisas *invisíveis* deste mundo (quem cuidaria delas, então?), pensemos que esta atomização angélica colinda, talvez pelo lado oposto do absurdo, com certo impulso poético. Neste caso, adorar aos anjos abriria, para o venerador, o caminho para ouvir a música, ou a mensagem, do concerto íntimo das coisas, para então deslindar aquelas famosas "correspondências" baudelairianas que são, desde o século passado, a pedra angular de muitas operações poéticas. Em poucas palavras, se para o místico a idéia da proliferação angélica aponta para a metafísica, para o poeta ela pode assinalar uma porta de acesso à poesia mesma, à plena vivência poética. Neste sentido, para lá do horizonte místico ou religioso, a angelolatria nos revela uma sua face mais recôndita, justamente aquela que terá mais atraído a Augusto Contador Borges.

O universo poético de Contador Borges acompanha este vetor de sensibilização. Nele, pulula uma percepção milimétrica do real, que se transfigura em micro-paisagens e, o que é mais raro, em narrações tremeluzentes que muitas vezes recordam epopéias pontuais, súbitas recuperações do sujeito, não pela vertente oculta (o que apontaria para uma poética simbolista), porém pela vertente do menor ou mínimo. Se por um lado o poeta se dá ao trabalho de definir, para si mesmo e para o leitor, e desde um ponto de vista externo, no poema que dá nome ao livro, o paradigma icônico da sua fé angélica, através do cuidadoso rastreio da representação dos anjos na arte ocidental, nem por isso o seu impulso deixa de espraiar-se ao longo do livro, em outros poemas nos quais a economia dessa fé constitui o verdadeiro motor do texto. Em alguns momentos este processo se obvia, como por exemplo no poema "Fábula das Abelhas":

> (...)
> Além da geléia que segregam
> E das figuras que engorduram os favos,
> Algumas sombras se imprimem
> Em milimétrica letra de abelha:
> O poema é a *colmeia dos ícones*.
> As abelhas fervilham na escritura líquida.
> Vejo na abelha o esboço de um anjo.
> (...)

Talvez nos fosse possível a partir dessa passagem avançar uma micro-poética. Se o próprio do poema é, digamos, um fervilhar na sombra, o que nele fervilha, antes de que alguma visão quintessencializadora do poético, são os mesmos agentes do processo: as abelhas. Há assim, uma transferência um tanto panteísta, mas fundamentalmente *minimizadora* (sentido literal), nesta fabulação da construção do poético. Ainda que metaforizando as palavras que propiciam a andamiagem retórica do poema-colmeia, as abelhas aí estão porque, como seres angélicos, representam a superação do real no real, nessa "geléia" segregada por elas mesmas, que "engordura" o dizer poético (o "favo" onde elas incidem "milimétricas").

Nesta microscopia algo alucinatória, quais seriam para Contador Borges suas concepções quanto à poesia e ao poeta? Em "Folha de Rosto" o poeta retoma o paradigma anterior para tratar àquela. A poesia, que "Usa na pele pérvia/ Casaco justo com botões de jade" (a definição não cessa de surpreender-me; é ao mesmo tempo, em sua construção imagética, precisa e maneirista), em si é também angélica: "(...) tem a generosidade/ Do anjo/ que alimenta a lua com as próprias asas". Porém, atenção: se desta passagem parece desprender um certo pendor para a adoração da poesia, mais adiante no mesmo poema Contador Borges parece alertar-nos para a liberdade, sempre um tanto violenta, que o poeta guarda frente ao impulso de escritura, frente à própria poesia, enfim:

> (...)
> O poeta trabalha
> Num andaime de estrelas
> E urina de alegria
> Cada vez que olha
> Da janela alucinada
> Como as bundas penduradas de Brueghel
> Depois do milagre,
> Com refegos de deslumbre,
> Se não afoga o santo em lágrimas,
> Passa cal por cima
> De seu anjo esmagado.
> (...)

Assim, temos uma relação que, sem ser luciferina, é pouco angélica, pouco servil, mesmo iconoclasta, com o impulso angelolátrico. Como, por exemplo, em "Réquiem para uma Aranha", no qual a de resto espetacularmente descrita morte deste outro inseto cujo paradigma, diga-se de passagem, corresponde inversamente ao da abelha ao longo de *Angelolatria* — serve para que Contador Borges reflita sobre a relação entre o poeta e a escritura:

> (...)
> Como um anjo às avessas
> De asas em negror luzente
> Sonha que caminha ausente

> Em suas pernas altas e negras
> As partes mais voláteis da teia
> E as formas tênues mais
> Flagrantes do belo (tumba
> Cintilante da aranha moritura)
> Logram servindo à criadora
> Enquanto viram criaturas
> Como em "O Poeta e a Escritura"
> Esta fábula paralela
> (...)

Até agora centrei-me em falar sobre o tema que, um tanto magneticamente, o título do livro põe a funcionar na leitura. Em que pese toda a carga semântica desse título, de suas ressonâncias religiosas e culturais, entretanto, *Angelolatria* não é um livro monotemático. Seria difícil que o fosse, já que reúne poemas escritos ao longo de duas décadas de trabalho e decantação textual. Contudo, o fato de que não o seja representa, também, um *parti-pris* do poeta, que neste sentido se contrapõe à tendência *"light"* de produzir livros de poesia cujo monotematismo espiralante tenta esconder apenas o que sempre se chamou repetitividade e pobreza de registros poéticos. Assim sendo, partes do livro mantêm-se como unidades completas, para lá do universo temático axial; penso na seção de fragmentos "Leviandades da Luz" e na que lhe segue, "A Voz e a Lâmpada", nas quais o pendor à escritura extensa, muitas vezes narrativa e de horizonte moral que rege os poemas até agora citados, se vê contraído e com sentido oposto, em poemas (ou dizeres) -pinceladas.

De que forma seja, entretanto, no bojo espesso de poemas sintaticamente complexos ou na flecha de alguns apontamentos, e para lá do patente cuidado escritural, um valor ressalta na poesia de Augusto Contador Borges: o de expor um imaginário definido que, como seres angélicos, nem por dispor de asas diáfanas abdica de suas finalidades, sejam elas afagos ou ferroadas, elocução divina ou corpo-a-corpo. Um imaginário que se resolve às vezes em explosão, ou em implosão, ou com a certeza evolutiva das elipses planetárias.

Um imaginário irredento. O mesmo de Kepler, aliás.

Horácio Costa
Cidade do México
março de 1997

Impresso na **Prol** editora gráfica ltda.
03043 Rua Martim Burchard, 246
Brás - São Paulo - SP
Fone: (011) 270-4388 (PABX)
com filmes fornecidos pelo Editor.